Z
173
E.a.7.

L
*
G.
11861
7

2539

PETITE BIBLIOTHÈQUE DES ÉCOLES PRIMAIRES. — 1re SÉRIE. N. 7.

LES ROIS DE FRANCE

ET

LA CHRONOLOGIE DES PRINCIPAUX ÉVÉNEMENS DE LEUR RÈGNE.

PUBLIÉS

PAR MM. FIRMIN DIDOT ET L. HACHETTE.

Prix : broché, 2 sous; cartonné, 3 sous.

PARIS,

L. HACHETTE, RUE PIERRE-SARRAZIN, N° 12.
FIRMIN DIDOT FRÈRES, RUE JACOB, N° 24.

1834.

Z. 4656

TABLE DES MATIERES.

HISTOIRE DE FRANCE.

Des Gaulois. — Le pays que nous habitons aujourd'hui portait autrefois le nom de *Gaule;* compris entre les Pyrénées, la Méditerannée, les Alpes, le Rhin et l'Océan, il était un peu plus étendu que la France actuelle. Les habitans qui le peuplaient furent long-temps indépendans; divisés en tribus, ayant chacune leur chef, ils se réunissaient pour repousser l'ennemi commun; mais dès que le danger était passé, on les vit souvent en venir aux mains; car ils aimaient la guerre avec passion. Les anciens Gaulois se partageaient en trois classes : les guerriers, les prêtres ou *Druydes*, et les esclaves. César fit la conquête de ce pays 51 ans avant J.-C.; il en est le premier historien. Les Romains imposèrent aux vaincus leurs mœurs, leurs usages et leurs lois; dès-lors, la Gaule devint une partie de l'empire, et en suivit la fortune.

Des Francs. — Les Francs de la race Germaine habitaient le pays situé au-delà du Rhin. Partagés, comme les Gaulois, en plusieurs tribus, ils cherchèrent de bonne heure des établissemens hors de leur patrie. La plus célèbre et la plus belliqueuse de ces tribus est celle des *Francs saliens.* — Vers l'an 395 de l'ère chrétienne, l'empire Romain fut inondé par un torrent de Barbares. La Gaule n'échappa pas à ces terribles invasions. Les *Bourguignons*, sortis des forêts de la Germanie, s'établirent dans l'orient de la Gaule vers l'an 406. Les *Wisigoths* se fixèrent, vers l'an 412, dans la partie méridionale. Enfin les *Francs*, d'abord alliés des Romains, cherchèrent bientôt à se rendre complètement indépendans dans le nord de la Gaule. — Le premier des rois francs qui se fixa dans les Gaules, appartenait à la tribu des Francs saliens, et s'appelait *Pharamond.* Il régna, dit-on, vers l'an 420. — *Clodion*, son fils, lui succéda en 428, et étendit sa domination jusqu'à la Somme. — *Mérovée*, qu'on croit de la même famille, régnait, à ce qu'il paraît, sur les Francs saliens vers l'année 448, et aida, dit-on, les Romains à remporter une grande victoire sur Attila, roi des Huns. Il donna son nom à la première race de nos rois. — *Childéric* Ier, fils de Mérovée, ajouta à l'héritage paternel de nouvelles conquêtes. Il mourut en 481. — L'histoire de ces quatre premiers rois est très-incertaine, cependant on a l'habitude de les compter au nombre des princes de la première race, ou *Mérovingiens*. — Du mélange des Francs et des Gaulois, sont sortis *les Français*.

PREMIÈRE RACE. MÉROVINGIENS.

22 ROIS. (420 – 750.)

Clovis, 5e roi. (481-511.) — Fils de Childéric Ier, il n'avait que quinze ans lorsqu'il monta sur le trône. — 481. *Bataille de Soissons*. Syagrius, général romain, fut vaincu par Clovis près de Soissons. La conséquence de cette bataille fut l'anéantissement complet de la domination romaine dans la Gaule. — 496. *Bataille de Tolbiac*. Clovis ayant eu à se plaindre des Allemands, passa le Rhin et les attaqua près de Tolbiac; mais la victoire était incertaine; il promit, dit-on, s'il était vainqueur, d'embrasser la religion de sa femme Clotilde, nièce du roi des Bourguignons, qui était chrétienne. Ayant remporté la victoire, il tint parole, et se fit baptiser avec 3,000 de ses soldats, par saint Rémy, évêque de Reims. — 507. *Bataille de Vouillé*. Alaric, roi des Wisigoths, était arien; les évêques soumis à la domination d'Alaric, sollicitèrent l'intervention de Clovis, qui, tout plein de zèle pour la religion qu'il venait d'embrasser, déclara la guerre au prince hérétique, le vainquit, et le tua, dit-on, de sa main à la bataille de Vouillé. Les états d'Alaric tombèrent en son pouvoir. Clovis mourut à Paris en 511, après avoir déshonoré la fin de sa vie par un grand nombre de cruautés.

CHILDEBERT Ier, 6e roi. (511-558.) — 511. *Partage des états de Clovis.* Ses quatre fils, Childebert, Clotaire, Clodomir et Thierry se partagèrent l'héritage de leur père. Ces princes furent rarement unis.

CLOTAIRE Ier, 7e roi. (558-561.) — Clotaire survécut seul à sa nombreuse famille; mais ce prince ne jouit pas long-temps de sa haute fortune, il mourut à Soissons en 561.

CARIBERT, 8e roi. (561-567.) — 561. *Partage des états de Clotaire* Ier. Caribert eut l'Aquitaine, avec Paris pour capitale; Gontran obtint la Bourgogne, Chilpéric la Neustrie, et Sigebert l'Austrasie. Caribert étant mort, ses états furent partagés entre ses frères.

CHILPÉRIC Ier, 9e roi. (567-584.) — 567. *Rivalité de Brunehaut et de Frédégonde.* Sigebert, frère de Chilpéric, avait épousé Brunehaut, fille du roi des Wisigoths d'Espagne; Chilpéric demanda en mariage Galsuinde, sœur de Brunehaut. Mais ce prince, égaré par les funestes conseils de Frédégonde qu'il aimait, fit étrangler Galsuinde, pour épouser sa rivale. Brunehaut prétendit venger sa sœur, et arma son époux contre Frédégonde. La rivalité de ces deux femmes couvrit la France de crimes et de meurtres. Frédégonde fit assassiner Chilpéric son époux.

CLOTAIRE II, 10e roi. (584-628.) — La mort de Gontran, roi de Bourgogne, et de Childebert II, laissa Clotaire II seul maître de la monarchie de Clovis; mais il semblait avoir hérité de la haine de sa mère Frédégonde, et fit subir à Brunehaut le plus affreux supplice; il ordonna de l'attacher à la queue d'un cheval indompté.

DAGOBERT Ier, 11e roi. (628-638.) — *Maires du palais.* L'autorité royale commençait à s'affaiblir; des seigneurs puissans, connus sous le nom de Maîres du palais, prennent une grande influence dans le gouvernement. C'est à partir du règne de Dagobert qu'ils deviennent redoutables.

Clovis II, 12e roi. (638-656.) — Ce règne n'offre aucun événement remarquable; mais l'autorité royale s'affaiblit de plus en plus entre les mains des rois qu'on a appelés *fainéans*. Clovis II était fils de Dagobert; il eut en partage la Neustrie, et son frère, Sigebert III, l'Austrasie.

Clotaire III, 13e roi. (656-668.) — *Administration d'Ebroin.* Ce seigneur força Bathilde, mère de Clotaire III et régente du royaume, à se retirer dans un couvent. Il gouverna la Neustrie sous le nom de Clotaire; l'Austrasie était également sous l'autorité d'un Maire du palais.

Childéric II, 14e roi. (668-673.) — Childéric II succéda à son frère Clotaire qui ne laissait pas d'enfans. Ebroin tomba dans la disgrâce; mais Bodilon, seigneur de Neustrie, ayant été traité en esclave par le roi, résolut de se venger : il surprit Childéric avec sa famille dans la forêt de Livry, et l'assassina.

Thierry III, 15e roi. (673-690.) — 673-681. *Seconde administration d'Ebroin.* La mort de Childéric rendit à Ebroin la liberté; il en profita pour marcher contre Thierry qui venait d'être reconnu roi de Neustrie, et le vainquit près de Sainte-Maxence; mais il ne le détrôna pas et se contenta d'exercer l'autorité la plus absolue comme Maire du palais de Neustrie. Il mourut assassiné. — 687 *Bataille de Testry.* A peine Ebroin était-il mort, que Pépin d'Héristel, Maire d'Austrasie, marcha contre Thierry et le vainquit. Cette victoire assura à Pépin la domination de toute la France.

Clovis III, 16e roi. (690-695.) — Après la mort de Thierry III, Pépin fit reconnaître pour roi Clovis, l'un des fils de Thierry, mais continua à gouverner sous son nom.

CHILDEBERT II, 17e roi. (695-711.) — Il en fut de même de Childebert, frère de Clovis, qui passa, comme son prédécesseur, inaperçu sur le trône. Pépin fit avec succès la guerre aux Suèves et aux Saxons, et autres peuplades indépendantes de la Germanie.

DAGOBERT II, 18e roi. (711-716.) — 714. *Mort de Pepin d'Héristel.* Pépin avait gouverné le royaume avec gloire pendant 27 ans; son fils Charles, surnommé *Martel* hérita de sa puissance.

CLOTAIRE IV, 19e roi. (716-777.) — 716. *Administration de Charles-Martel.* Charles-Martel plaça sur le trône un fantôme de roi, Clotaire IV, qui n'avait cependant pas de droits légitimes à la couronne; mais telle était sa volonté.

CHILPÉRIC II, 20e roi. (716-720.) — Chilpéric essaya de secouer le joug de Charles-Martel; ce fut en vain. Vaincu par l'ambitieux Maire du palais, il dut se trouver heureux de ne pas aller mourir dans un couvent.

THIERRY IV, 21e roi. (720-737.) — 732. *Grande victoire de Charles-Martel sur les Sarrasins.* Ces Barbares avaient conquis l'Espagne et envahi le midi de la Gaule jusqu'à Poitiers. Charles marcha à leur rencontre et remporta sur eux une mémorable victoire; il les força de repasser les Pyrénées. Thierry IV vivait ignoré au fond de son palais, pendant que le héros franc rendait à son pays cet immense service.

INTERRÈGNE. (737-742.) — Charles-Martel, après la mort de Thierry IV, ne jugea pas à propos de lui donner un successeur et gouverna la France avec le simple titre de Duc. Ce grand homme mourut en 741, après avoir exercé pleinement l'autorité royale pendant 24 ans. De ses trois fils, Pépin, dit le Bref, fut le seul qui hérita de son pouvoir.

CHILDÉRIC III, 22e roi. (742-750.) — 750. *Les Mérovingiens détrônés.* Lorsque Pépin eut pris toutes ses dispositions et qu'il vit les esprits préparés à un changement de dynastie, il leva tous les scrupules des Francs en intéressant le pape Zacharie à sa cause. Le pape consulté répondit que le titre de roi devait appartenir à celui qui en exerçait l'autorité. Childéric III, que Pépin avait tiré de son couvent, y rentra bientôt. Pépin fut proclamé roi, et sacré en 750 par le pape Etienne II.

DEUXIÈME RACE. CARLOVINGIENS.

13 rois. (750—987.)

Pépin-le-Bref, 23e roi. (750-768.)—755. *Pépin défend le pape contre Astaulphe, roi des Lombards.* Etienne, menacé par les Lombards, réclama la protection de Pépin. Une expédition en Italie et l'espoir du butin flattèrent l'humeur guerrière des Francs. Pépin passa deux fois les Alpes, vainquit Astaulphe, et le dépouilla de l'Exarchat de Ravennes dont il fit hommage au souverain pontife. Telle est l'origine de la puissance temporelle des papes. Pépin mourut après un règne de 11 ans, et laissa le trône à ses deux fils, Charles et Carloman.

Charles-le-Grand ou Charlemagne, 24e roi. (768-814.) — 771. *Mort de Carloman.* Les deux fils de Pépin vécurent presque constamment en mauvaise intelligence. Charles surtout avait l'ambition de gouverner seul la monarchie. La mort de son frère lui donna les moyens de déployer tout son génie. — 772-804. *Guerre contre les Saxons.* Cette guerre dura trente-trois ans. Les Saxons, toujours vaincus, se révoltaient sans cesse, malgré les moyens cruels que Charlemagne employa pour les soumettre et les forcer d'embrasser le christianisme. Witikind, leur chef, ayant enfin consenti à se faire chrétien, ce malheureux pays subit le joug de Charlemagne. — 773-787. *Fin de la monarchie des Lombards.* Didier, roi des Lombards, ayant, comme son prédécesseur, troublé le pape dans ses domaines,

Charlemagne vint au secours du souverain pontife, assiégea Didier dans Pavie, sa capitale, et s'empara de sa personne. Ainsi finit la monarchie des Lombards. Charlemagne prit le titre de roi d'Italie, et se fit sacrer comme tel à Milan. — 777. *Guerre en Espagne.* Appelé dans la Péninsule par un prince sarrazin, Charlemagne soumit tout le pays jusqu'à l'Ebre; mais, au retour de cette expédition, son arrière-garde fut surprise dans la vallée de Roncevaux et taillée en pièces. Ce grand prince étendit encore ses conquêtes en Allemagne, et soumit successivement la Bavière, l'Autriche et la Hongrie.—800. *Charlemagne empereur d'Occident.* Maître d'un empire presque aussi étendu que l'avait été celui des Romains, Charlemagne fut couronné empereur d'Occident par le pape Léon III, le jour de Noël. Ce titre passa à quelques-uns de ses successeurs. Charlemagne n'est pas seulement un conquérant, c'est encore un grand législateur. Les lois qu'il a rédigées et qu'on appelle *capitulaires*, sont des modèles de sagesse et de prévoyance. — 814. *Mort de Charlemagne.* Il mourut à Aix-la-Chapelle, âgé de 71 ans. Il avait, de son vivant, fait reconnaître Louis, son fils, pour son successeur au titre d'empereur, et Bernard, son petit-fils, pour roi d'Italie.

LOUIS Ier, LE DÉBONNAIRE, 25e roi. (814-840.) — 830. *Révolte des fils de l'empereur.* Louis-le-Débonnaire, après avoir fait périr d'une manière cruelle Bernard, roi d'Italie, eut le tort de partager son vaste empire entre ses fils avant sa mort : sous prétexte que ce partage était inégal, ils déclarèrent la guerre à leur père, le vainquirent et l'enfermèrent dans un couvent : mais il ne tarda pas à remonter sur le trône. Une dernière révolte de ses enfans lui causa tant de chagrin qu'il mourut, dit-on, de douleur, au moment où il se disposait à les combattre.

CHARLES Ier, dit LE CHAUVE, 26e roi. (840-877.) — 851. *Traité de Mersen.* Les enfans de Louis-le-Débonnaire, après une longue guerre civile, se promirent un appui mutuel dans une conférence qu'ils eurent à Mersen, sur les bords de la Meuse. Le titre d'empereur fut garanti à Lothaire. Charles-le-Chauve, le dernier des enfans de Louis, eut en partage la plus grande partie de la France actuelle. — (845-856.) *Premières invasions des Normands.* Venus du Nord, ces barbares, qui avaient déjà fait quelques incursions sur le territoire français pendant le règne de Louis-le-Débonnaire, les renouvelèrent avec plus d'audace. Charles, au lieu de les combattre, acheta leur retraite à prix d'or.

Louis II, dit le Bègue, 27e roi. (877-879.) — Ce prince obscur et faible se laissa constamment dominer par les grands auxquels il abandonna, en pur don, une bonne partie du domaine de la couronne, exemple que lui avait déjà donné Charles-le-Chauve. Ces terres ou *fiefs* passaient en héritage à l'aîné de la famille, et mettaient ainsi les seigneurs en état de faire la guerre même au Roi.

Louis III et Carloman, 28e rois. (879-884.) — Louis et Carloman, fils de Louis-le-Bègue, montrèrent sur le trône l'exemple bien rare d'une union vraiment fraternelle. Le premier mourut en 882; le second en 884. Un troisième fils de Louis-le-Bègue, Charles, dit le Simple, avait été exclus de l'héritage paternel.

Charles-le-Gros, 29e roi. (884-888.) — 884. *Avènement de Charles-le-Gros.* Déjà revêtu du titre d'empereur, Charles-le-Gros fut appelé au trône de France, quoique les droits de Charles-le-Simple fussent incontestables. — 885. *Siége mémorable de Paris par les Normands.* La France fut ravagée de nouveau par les Normands qui pénétrèrent jusqu'à Paris en remontant la Seine. Les habitans, conduits par Eudes, leur Comte, et Gosselin, leur Evêque, se défendirent avec un courage héroïque. Quant à Charles-le-Gros, au lieu de combattre ces Barbares, il leur paya lâchement une rançon. Les Francs indignés le déposèrent en 888.

Eudes, 30e roi. (888-898.) — Les circonstances semblaient exiger qu'un prince habile prît les rênes du gouvernement : aussi les confia-t-on à Eudes, comte de Paris, qui n'appartenait cependant pas à la famille de Charlemagne. Charles-le-Simple fut encore oublié.

CHARLES III, dit LE SIMPLE, 31e roi. (898-923.) — 912. *Etablissement définitif des Normands en France.* Charles-le Simple, après la mort de Eudes, monta enfin sur le trône. Comme les Normands devenaient de plus en plus redoutables, il consentit à leur céder cette partie de la Neustrie qu'on a appelée depuis *Normandie*. Rollon, leur chef, se fit chrétien, et épousa la fille de Charles-le-Simple.

RAOUL, 32e roi. (923-936.) — Les Seigneurs, qui disposaient en maîtres de la couronne, déshéritèrent encore une fois la race de Charlemagne, et préférèrent au fils de Charles-le-Simple, Raoul, beau-frère de Hugues-le-Grand. Ce prince fut obligé de payer, par de nouvelles concessions de domaines, le vain titre qu'on lui donnait.

LOUIS IV, D'OUTRE-MER, 33e roi. (936-954.) — Par un caprice assez étrange, les Grands consentirent, après la mort de Raoul, à reconnaître pour roi le fils de Charles-le-Simple, qui s'était réfugié en Angleterre, et qu'on a surnommé, pour cette raison, d'*Outre-Mer*.

LOTHAIRE, 34e roi. (954-986.) — Plus puissant peut-être que ne l'avaient été les Maires du palais sous la 1re race, Hugues-le-Grand ne daigna pas placer la couronne sur sa tête après la mort de Louis-d'Outre-Mer ; il la laissa à Lothaire, fils de ce prince. — 986. *Mort de Hugues-le-Grand.* Le fils aîné du comte de Paris, Hugues-Capet, hérita des immenses domaines de son père et de sa puissance.

LOUIS V, dit LE FAINÉANT, 35e roi. (986-987.) — *Fin de la race des Carlovingiens.* Le règne nominal de Louis V ne dura qu'un an ; alors le domaine de la couronne se réduisait à la ville de Laon et à son territoire. Louis mourut sans postérité.

TROISIÈME RACE. CAPÉTIENS.

PREMIÈRE BRANCHE, 14 ROIS. — (987—1328.)

HUGUES - CAPET, 36e roi. (987-996.) — 987. *Hugues-Capet élevé au trône.* Charles de Lorraine, frère de Lothaire et oncle du dernier roi, devait naturellement hériter de son neveu ; mais déjà l'ordre de la succession avait été interrompu plusieurs fois. Les Seigneurs préférèrent donc Huges-Capet, duc de France, le plus puissant d'entre eux, à un prince qu'ils connaissaient à peine, et le proclamèrent roi. Hugues eut soin de respecter leurs priviléges et d'ajouter encore à leur indépendance.

ROBERT, 37e roi. (996-1031.) — 997. *Robert excommunié.* Robert, fils de Hugues-Capet, ayant refusé de se séparer de Berthe, sa femme, qui était sa parente, le pape Grégoire V lança contre lui l'excommunication. Robert effrayé se soumit alors, et répudia Berthe pour épouser Constance.

HENRI Ier, 38e roi. (1031-1060.) — 1031. *Henri persécuté par Constance, sa belle-mère.* Cette femme ambitieuse voulut exclure du trône le fils aîné de son époux ; Henri triompha, non sans peine, de tous ses ennemis, et resta paisible possesseur de la couronne. Pour satisfaire son frère Robert qui avait essayé de la lui disputer, il lui céda le duché de Bourgogne.

PHILIPPE Ier, 39e roi. (1060-1108.) — 1060-1067. *Régence de Beaudoin.* Philippe était fils de Henri. Comme il était trop jeune pour gouverner par lui-même, Beaudoin, comte de Flandre, fut chargé de la régence. — 1066. *Conquête de l'Angleterre par les Normands.* Les Normands envahirent l'Angleterre sous la conduite de Guillaume, leur duc, qu'on a surnommé pour cette raison *le Conquérant*, et s'y établirent. — 1087. *Guerre avec l'Angleterre.* Philippe, jaloux de Guillaume, excita secrètement les enfans de ce prince à se révolter contre lui. La guerre s'alluma bientôt entre les deux pays ; elle fut d'abord fatale à Philippe ; mais Guillaume, heureusement pour son rival, mourut presque subitement à Rouen. —1095. *Première croisade.* Les Turcs s'étaient emparés de la Palestine et faisaient subir mille vexations aux pèlerins qui allaient visiter les lieux immortalisés par la vie et la mort de notre Sauveur. Une première armée, composée, dit-on, de 300 mille chrétiens d'Occident, se dirigea vers l'Orient ; mais mal conduite et mal disciplinée, elle périt avant d'arriver sous les murs de Jérusalem. Une autre armée, sous le commandement de Godefroy de Bouillon, fut plus heureuse. Jérusalem tomba au pouvoir des Chrétiens. Godefroy de Bouillon, chef de l'entreprise, reçut le titre de roi de Jérusalem ; ses compagnons eurent des principautés indépendantes. Tel fut le résultat de la première croisade à laquelle le roi de France ne prit aucune part. On donnait le nom de *Croisés* à ceux qui s'engageaient dans ces saintes expéditions, parce qu'ils portaient une croix sur leurs vêtemens.

LOUIS VI, dit LE GROS, 40e roi. (1108-1137.)—1108. *Lutte de Louis-le-Gros contre les Seigneurs.* Le pouvoir royal était si faible à cette époque, que Louis VI, fils du dernier roi, fut sans cesse occupé à soumettre ses vassaux rebelles. Mais à force d'activité et de constance, et grâce à l'habileté de Suger, abbé de Saint-Denis, son ministre, Louis-le-Gros parvint à faire respecter son autorité.—*Affranchissement des Communes.* Afin de combattre avec plus d'avantage la puissance des Seigneurs, le Roi permit aux bourgeois de ses domaines de racheter leur liberté à prix d'argent, et leur vendit en conséquence le droit de commune, c'est-à-dire le droit de nommer leurs magistrats municipaux : car, à cette époque, les nobles, possesseurs de terres ou *fiefs*, étaient seuls libres ; le reste de la nation était réduit à la condition de *serf.*

LOUIS VII, dit LE JEUNE, 41e roi. (1137-1180.)—1137. *Brillant mariage de Louis-le-Jeune.* Ce prince avait épousé Eléonore qui lui apporta en dot le Poitou et l'Aquitaine. — 1146. *Seconde croisade.* Louis-le-Jeune ayant voulu punir le comte de Champagne qui s'était révolté, eut la cruauté de brûler dans l'église de Vitry douze ou treize cents malheureux qui s'y étaient réfugiés. Accablé de remords, il résolut d'expier son crime en entreprenant une expédition dans la Terre Sainte. Les chrétiens d'Orient divisés entre eux avaient essuyé des revers et perdu presque toutes leurs conquêtes. Louis-le-Jeune partit à la tête d'une brillante armée, laissant la régence à Suger qui gouverna le royaume avec une rare sagesse. Cette croisade n'eut aucun succès. Après deux années d'absence, Louis-le-Jeune revint dans ses états. C'est au retour de son expédition qu'il répudia Eléonore en lui rendant sa dot. Elle épousa quelque temps après Henri II, roi d'Angleterre, qui devint ainsi le maître de deux belles provinces de France.

PHILIPPE II, surnommé AUGUSTE, 42e roi. (1180-1223.) — 1190. *Troisième croisade.* Le sultan Saladin s'étant emparé de Jérusalem, les deux plus grands princes de l'Occident, Richard-Cœur-de-Lion, roi d'Angleterre, et Philippe-Auguste, résolurent de lui ravir sa conquête. La ville de Saint-Jean d'Acre tomba en leur pouvoir, après un siége mémorable. Mais Philippe, se sentant malade, revint dans ses états. — 1199. *Quatrième croisade.* Les croisés s'arrêtèrent à Constantinople, dont ils firent le siége, et détrônèrent l'empereur grec pour mettre à sa place Beaudoin, comte de Flandre, qui fut le chef de la dynastie latine des empereurs de Constantinople. Philippe-Auguste ne prit aucune part à cette spoliation. — 1194-1195. *Guerre avec l'Angleterre.* Il aima mieux agrandir ses états en reprenant aux Anglais les provinces dont ils s'étaient emparés. Ainsi il fit rapidement la conquête de la Normandie sur Jean-sans-Terre, successeur de Richard-Cœur-de-Lion, et chassa également les Anglais du Poitou, de l'Anjou, du Maine et de la Touraine.— 1214. *Bataille de Bovine*. Othon IV empereur d'Allemagne les Flamands et les Anglais s'étaient coalisés pour écraser Philippe-Auguste. Il les vainquit à Bovine.—1216. *Louis, fils de Philippe, roi d'Angleterre*. Les Anglais, indignés de la lâcheté et de la perfidie de Jean-sans-Terre, le déposèrent et choisirent pour roi le fils de Philippe-Auguste; mais un an après, ils l'abandonnèrent et rendirent le trône à Henri III, fils de Jean.

LOUIS VIII, 43e roi. (1223-1226.) — Le seul événement de ce règne est la guerre cruelle faite aux Albigeois ou hérétiques du midi de la France. Louis VIII eut le malheur d'y prendre part.

LOUIS IX OU SAINT LOUIS, 44e roi. (1226-1270.) — 1226-1236. *Régence de la reine Blanche*. Louis IX n'ayant que douze ans, sa mère, Blanche de Castille, fut chargée de la régence. Elle sut réprimer les tentatives audacieuses des Seigneurs et faire respecter l'autorité royale. — 1242. *Bataille de Taillebourg*. Le comte de la Marche s'était révolté. Saint-Louis marcha contre ce seigneur rebelle que soutenait Henri III, roi d'Angleterre, et le vainquit au pont de Taillebourg. Il poursuivit les Anglais jusqu'à Saintes, où il les battit de nouveau. — 1248. *Cinquième croisade*. Pendant une maladie grave, le roi avait fait vœu de se croiser. Dès qu'il eut recouvré la santé, il s'embarqua pour l'Egypte et s'empara de Damiette; mais vaincu dans les plaines de la Massoure, il fut fait prisonnier avec la plupart de ses chevaliers. Il n'obtint sa liberté qu'en rendant la ville de Damiette aux Infidèles. — 1248-1254. *Administration de aint-Louis*. Rappelé en France par la mort de sa mère, Saint-Louis consacra tous ses soins à l'administration du royaume. Les lois qu'il rendit et qui sont connues sous le nom d'*établissemens* lui ont mérité avec raison le titre de législateur. — 1270. *Sixième et dernière croisade*. Malgré les conseils de ses plus fidèles serviteurs, ce grand prince voulut encore tenter la fortune contre les Infidèles; il débarqua sur les côtes d'Afrique et entreprit le siége de Tunis;

mais la peste se mit dans son armée; attaqué lui-même par ce fléau, il mourut sous les murs de la ville qu'il assiégeait. L'Église l'a mis au nombre de ses saints, et l'histoire le place au rang des plus grands rois.

PHILIPPE III, surnommé LE HARDI, 45e roi. (1270-1285.) — 1282. *Vêpres Siciliennes.* Charles d'Anjou, frère de saint Louis, avait conquis le royaume de Naples; mais son joug parut si intolérable aux Siciliens que le même jour, à l'heure de vêpres, tous les Français furent égorgés à Palerme. Pierre III, roi d'Aragon, n'était pas étranger à cet horrible massacre. C'est pour le punir que Philippe-le-Hardi lui déclara la guerre; mais il tomba malade et mourut à Perpignan, après quinze ans de règne.

PHILIPPE IV, dit LE BEL, 46e roi. (1285-1314.) — 1295-1312. *Démêlés entre Philippe-le-Bel et le pape Boniface VIII.* Une querelle très-vive s'alluma entre le pape et le nouveau roi. Le premier prétendait commander en maître même aux rois; le second était trop fier pour fléchir. Boniface lança l'excommunication contre Philippe qui répondit en faisant arrêter le pape par ses agens. Tant de fermeté en imposa au pontife, et dès-lors on s'accoutuma à respecter l'antorité royale. D'ailleurs Philippe-le-Bel avait eu soin d'intéresser la nation à sa cause en rassemblant les états-généraux et en y admettant pour la première fois les députés de la bourgeoisie. — 1307-1310. *Suppression de l'Ordre des Templiers.* Cet ordre de moines guerriers, fondé du temps des croisades, avait acquis d'immenses richesses qui tentèrent la cupidité de Philippe-le-Bel. Pour avoir un prétexte de dépouiller les Templiers, on les accusa d'hérésie. Cinquante-neuf d'entre eux, avec Jacques de Molay, leur Grand-Maître, furent brûlés vifs. — 1314. *Mort de Philippe-le-Bel.* Il ne survécut pas long-temps à ceux qu'il avait fait périr injustement, et mourut après un règne fort agité qui avait duré vingt-neuf ans. On lui reproche avec raison l'altération des monnaies.

Louis X, dit le Hutin, 47e roi. (1314-1316.) — 1315. *Supplice d'Enguerrand de Marigny.* De grandes dilapidations avaient eu lieu sous le dernier règne. Louis, fils de Philippe-le-Bel, eut la faiblesse de laisser périr un innocent. Enguerrand de Marigny, ministre des finances du feu roi, paya de sa vie les torts de son maître. Il fut pendu au gibet de Montfaucon. A la mort de Louis-le-Hutin, la reine sa femme était enceinte.

Philippe V, dit le Long, 48e roi. (1316-1321.) — Ce prince gouverna d'abord le royaume comme Régent. La Reine étant accouchée d'un fils qui ne vécut que quelques jours, Philippe, second fils de Philippe-le-Bel, prit définitivement le titre de roi. Il mourut aussi sans laisser d'enfans mâles.

Charles IV, dit le Bel, 49e roi. (1321-1328.) — Troisième fils de Philippe-le-Bel, Charles IV succéda à son frère, et comme il ne laissait pas d'enfans mâles, c'est à ce prince que finit la première branche des Capétiens.

DEUXIÈME BRANCHE DES CAPÉTIENS DITE PREMIÈRE DES VALOIS. 7 ROIS. (1328—1498.)

Philippe VI, dit de Valois, 50e roi. (1328-1350.) — En vertu de la loi salique qui excluait les femmes du trône, Philippe de Valois, premier prince du sang, fut proclamé roi. Edouard III, roi d'Angleterre et petit-fils de Philippe-le-Bel par sa mère Isabelle, réclamait la couronne de France. Ses prétentions furent repoussées. De là cette longue rivalité entre les deux familles, rivalité qui fut si fatale à la France. — 1346. *Bataille de Crécy.* Edouard envahit la Normandie et remporta sur Philippe de Valois une mémorable victoire à Crécy. Presque toute la noblesse française resta sur le champ de bataille. La ville de Calais tomba ensuite au pouvoir des Anglais. A la mort de Philippe de Valois, la France se trouvait dans l'état le plus critique.

Jean Ier, 51e roi. (1350-1364.) — 1356. *Bataille de Poitiers.* La guerre avec l'Angleterre ne tarda pas à éclater de nouveau. Le prince de Galles, fils d'Edouard III, s'avança jusqu'à Poitiers. Jean, nouveau roi de France, engagea imprudemment le combat, et malgré sa valeur personnelle fut fait prisonnier. Presque toute l'armée française fut détruite. — 1355-1360. *Régence du dauphin Charles.* Pendant la captivité du roi Jean, le dauphin fut chargé de la régence. Mais le roi de Navarre, Charles-le-Mauvais, fomentait partout des troubles, surtout à Paris où la vie du Régent fut même menacée. Malgré ces obstacles, le jeune prince qui avait rassemblé les états-généraux, parvint à rétablir l'ordre. Il entama des négociations avec l'Angleterre. — 1360. *Traité de Brétigny.* Edouard consentit à signer la paix, mais à des conditions très-dures. Il exigea de Jean une énorme rançon et la cession de plusieurs provinces. — 1364. *Mort de Jean.* L'un des fils du roi, qu'il avait laissé à Londres comme otage, en attendant le paiement complet de sa rançon, s'étant évadé, Jean retourna reprendre ses fers et mourut en Angleterre.

Charles V, dit le Sage, 52e roi. (1364-1380.) — Grâce à Duguesclin, connétable de France et le plus habile général de son temps, Charles V, fils de Jean, qui déjà avait l'expérience des affaires, chassa successivement les Anglais de toutes les provinces qu'ils avaient envahies.

Charles VI, 53e roi. (1380-1422.) — 1380-1385. *Minorité de Charles VI.* Les oncles du roi s'emparèrent du gouvernement pendant la minorité du jeune prince. Jaloux les uns des autres, ils ne songeaient qu'à leurs intérêts et bientôt l'ouvrage de Charles V fut complètement détruit. La France retomba dans le désordre et fut déchirée par les factions. — 1362. *Démence du roi.* Charles VI, au moment où il se préparait à punir le duc de Bretagne qui l'avait offensé, fut saisi d'un accès de folie furieuse. Depuis lors il ne recouvra jamais parfaitement la raison. Les princes s'emparèrent une seconde fois du gouvernement et se disputèrent le pouvoir. Le duc de Bourgogne fit assassiner le duc d'Orléans. Le fils de la victime, aidé du comte d'Armagnac, voulut venger son père. De là les factions d'Armagnac et de Bourgogne qui ensanglantèrent toute la France. — 1415. *Bataille d'Azincourt.* Les Anglais profitèrent de ces querelles et envahirent le royaume. L'armée française fut vaincue dans les plaines d'Azincourt. Ce désastre rappelle ceux de Crécy et de Poitiers. — 1420. *Traité de Troyes.* Le duc de Bourgogne, Jean-sans-Peur, fut assassiné au pont de Montereau. On accusa de ce crime le Dauphin. Isabelle de Bavière prêta l'oreille aux accusations dirigées contre son fils et s'entendit avec les Anglais pour l'exclure du trône. Elle signa à Troyes un traité par lequel le roi d'Angleterre, qui venait d'épouser la fille de Charles VI, devait hériter de la couronne après la mort du roi. Cet infâme traité reçut son exécution.

CHARLES VII, 54e roi. (1422-1461.) — Réduit à la possession de la ville de Bourges, le fils de Charles VI ne désespéra pas cependant de la bonté de sa cause. — 1429. *Jeanne d'Arc fait lever le siége d'Orléans.* Une jeune fille de Domremi se croit appelée à délivrer la France du joug des Anglais. Son enthousiasme se communique. Elle force les ennemis à lever le siége d'Orléans. — 1431. *Mort de Jeanne d'Arc.* L'héroïne poursuivit ses succès, conduisit Charles VII à Reims et assista à son sacre; mais prise par les Bourguignons au siége de Compiègne, elle fut vendue par eux aux Anglais qui se vengèrent de cette fille illustre en l'accusant de sorcellerie. Elle fut brûlée vive à Rouen. — Charles VII rentra enfin dans Paris et parvint à chasser les Anglais de toutes les provinces de France. — 1461. *Mort de Charles VII.* Le dauphin Louis abrégea les jours de son père. Ce prince dénaturé avait déjà conspiré plusieurs fois contre le roi; on prétend que Charles, craignant d'être empoisonné par son ordre, se laissa mourir de faim.

LOUIS XI, 55e roi. (1461-1483.) — 1465 *Ligue du bien public.* Les plus puissans seigneurs de France, à la tête desquels était Charles-le-Téméraire, fils du duc de Bourgogne, se réunirent pour faire la guerre au roi. Une bataille, dont le résultat fut douteux, eut lieu dans les environs de Montlhéry. Mais Louis XI ne tarda pas, par de vaines promesses, à dissoudre cette ligue redoutable. *Diviser pour régner*, telle était sa maxime. — 1477. *Réunion de la Bourgogne à la couronne*. Charles-le-Téméraire étant devenu duc de Bourgogne par la mort de son père, se laissa entraîner dans de folles entreprises. Il fut constamment trompé par Louis XI, le plus rusé et le plus perfide des princes de son temps. Les Suisses, qu'il avait attaqués imprudemment, le vainquirent à Morat. L'année suivante, il fut tué devant Nancy. Louis XI se hâta de faire occuper le duché de Bourgogne par ses troupes. — 1483. *Mort de Louis XI*. Superstitieux et cruel, Louis XI, qui commençait à recueillir le fruit de sa perfidie, était cependant malheureux; il avait peur de la mort. Comme il avait versé beaucoup de sang, il craignait la justice divine et les vengeances particulières. Enfermé dans son château de Plessis-les-Tours comme dans une prison, il ne put néanmoins échapper au sort commun des hommes, et mourut après vingt et un ans de règne. Il laissa la France puissante et respectée.

CHARLES VIII, 56e roi. (1483-1498.) — 1483-1488. *Régence de la dame de Beaujeu*. Fille aînée de Louis XI, elle gouverna le royaume pendant la minorité de Charles VIII, son frère; mais les principaux seigneurs lui disputèrent la régence, et en particulier le duc d'Orléans, premier prince du sang. Il fut vaincu et fait prisonnier à la journée de Saint-Aubin. — 1488. *Mariage de Charles VIII avec Anne de Bretagne*. La dame de Beaujeu fut assez habile pour faire épouser à son frère une riche héritière, la fille du duc de Bretagne, qui apporta en dot à son époux cette belle province. — 1495. *Expédition d'Italie*. Charles VIII, qui se croyait des droits sur le duché de Milan et sur le royaume de Naples, passa les Alpes, et en quelques mois soumit le Milanais et entra dans Naples. Mais il perdit ses conquêtes aussi promptement qu'il les avait faites. Il se disposait à retourner en Italie, lorsqu'il mourut sans postérité à l'âge de 28 ans.

TROISIÈME BRANCHE DES CAPÉTIENS DITE DE VALOIS-ORLÉANS. 1 ROI. (1498—1515).

Louis XII, 57e roi. (1498-1515.) — 1499. *Mariage du nouveau roi.* Louis XII épousa la veuve de Charles VIII, après avoir répudié sa femme Jeanne. Il lui importait de ne pas laisser passer en d'autres mains le duché de Bretagne, qui fut ainsi définitivement réuni à la couronne. — 1503. *Expédition d'Italie.* A l'exemple de son prédécesseur, Louis XII voulut faire valoir ses droits sur le duché de Milan et sur le royaume de Naples. Mais il épuisa la France d'hommes et d'argent sans pouvoir assurer ses conquêtes. Il les perdit toutes, malgré le courage des Bayard et des Gaston, qui firent d'inutiles prodiges de valeur. — 1509. *Ligue de Cambrai.* Cette ligue, formée d'abord contre les Vénitiens, menaça bientôt la France. Le pape, l'empereur et le roi d'Angleterre, Henri VIII, attaquèrent à la fois le royaume. Louis XII fut vaincu à la journée de Guinegate, et n'obtint la paix qu'à de dures conditions. Il était devenu veuf, et s'engagea à épouser Marie, sœur du roi d'Angleterre. Quelques années après, Louis XII mourut, vivement regretté de ses sujets; il reçut et mérita le surnom de *père du peuple*, malgré les malheurs de son règne.

QUATRIÈME BRANCHE DES CAPÉTIENS DITE SECONDE DES VALOIS. 5 ROIS. (1515—1589).

François Ier, 58e roi. (1515-1547.) — François, duc d'Angoulême, premier prince du sang, et gendre du feu roi, lui succéda, car Louis XII était mort sans postérité. — 1515. *Bataille de Marignan.* Attiré en Italie comme ses prédécesseurs, François Ier remporta une grande victoire à Marignan, sur les Suisses qui défendaient le Milanais.— *Rivalité de François Ier et de Charles-Quint.* Cette rivalité enfanta de longues guerres, qui désolèrent l'Europe. Charles-Quint, duc d'Autriche, déjà roi d'Espagne et des Indes, fut élu empereur d'Allemagne. Le roi de France, qui sollicitait ce titre, ne put pardonner à son rival la préférence qu'il avait obtenue. — 1526. *Bataille de Pavie.* François Ier, pour reconquérir le Milanais, que Charles-Quint lui avait enlevé, retourna en Italie, et attaqua les Impériaux devant Pavie. Fait prisonnier et conduit à Madrid, il n'obtint sa liberté qu'à des conditions très-humiliantes. Le traité de Madrid n'ayant pas été exécuté, la guerre recommença ; après une longue alternative de succès et de revers, François Ier fut obligé de signer la paix de Crépy (1544.) — 1517. *Apparition de Luther.* C'est à cette époque qu'une grande révolution religieuse s'opéra. Un moine, nommé Luther, se mit à déclamer contre les abus de la cour de Rome, et finit par attaquer les dogmes consacrés par l'Eglise. Il se fit de nombreux partisans, qui prirent le nom de *protestans*. Calvin, en France, prêcha et répandit à peu près les mêmes erreurs.—1547. *Mort de François Ier.* Ce prince, dont les qualités sont plus brillantes que solides, favorisa les lettres et les arts ; on l'a surnommé *le père des lettres*.

HENRI II, 59e roi. (1547-1559.) — 1547-1553. *Suite de la guerre avec Charles-Quint.* La guerre continua entre le puissant empereur d'Allemagne et Henri II, fils de François Ier. Mais elle fut plus heureuse qu'elle ne l'avait été sous le règne précédent. Le duc de Guise s'empara de Metz, Toul et Verdun. Charles-Quint ne put jamais reprendre la première de ces villes. —1555. *Abdication de Charles-Quint.* Fatigué des grandeurs, Charles-Quint abdiqua le souverain pouvoir, et se retira dans un couvent, après avoir laissé la couronne d'Espagne à son fils Philippe II, et le titre d'empereur à son frère. — 1558. *La ville de Calais rendue à la France.*

Les Anglais avaient déclaré la guerre à Henri II et gagné la bataille de Saint-Quentin, ce qui leur ouvrait la route de Paris. Le duc de Guise accourt, arrête les Anglais, et leur reprend en huit jours la ville de Calais, qu'ils possédaient depuis 213 ans. — 1559. *Mort de Henri II.* La paix de Cateau-Cambrésis fut la conséquence de ce brillant exploit. Dans un tournoi donné à l'occasion du rétablissement de la paix, Henri II fut blessé mortellement.

François II, 60e roi. (1559-1560.) — Ce prince, fils aîné de Henri II, accablé d'infirmités précoces, ne régna que de nom. Toute l'autorité passa entre les mains de Catherine de Médicis, sa mère, et du duc de Guise. Les catholiques et les protestans commencent à entrer en lutte. François II mourut à l'âge de 17 ans ; il avait épousé Marie-Stuart, reine d'Ecosse, qui périt plus tard sur l'échafaud, par les ordres d'Elisabeth, reine d'Angleterre. François II ne laissait pas d'héritiers directs.

Charles IX, 61e roi. (1560-1574.) — Charles IX, second fils de Henri II, succéda à son frère. Il n'avait que dix ans. Catherine de Médicis prend plus d'ascendant que jamais dans le gouvernement, et se montre jalouse du crédit du duc de Guise. — *Guerre civile.* Le duc de Guise devient le chef du parti catholique. Le massacre de Vassy, où périrent beaucoup de protestans sous les coups des catholiques, allume la guerre civile. Le prince de Condé et l'amiral de Coligny, tous deux protestans, lèvent des troupes. Les batailles de Dreux, de Saint-Denis et de Jarnac, où les catholiques eurent l'avantage, ne purent abattre le parti protestant. — 1572. *Massacre de la Saint-Barthélemy.* Charles IX, poussé par sa mère, résolut de se défaire des protestans par la plus noire des trahisons, puisqu'il ne pouvait parvenir à les soumettre autrement. Il feint de se réconcilier avec eux, attire leurs chefs à la cour, et dans la nuit du 24 au 25 août, ordonne le massacre général des protestans. Le jeune Henri, roi de Navarre, n'échappa à la mort qu'en abjurant sa religion. L'amiral de Coligny fut égorgé dans son hôtel. Les mêmes massacres eurent lieu sur toute la surface du royaume. — 1574. *Mort de Charles IX.* Cette horrible exécution ne fit qu'aigrir le parti vaincu. Charles IX, accablé de remords, mourut à l'âge de vingt-quatre ans, sans enfans mâles.

HENRI III, 62e roi. (1574-1589.) — Troisième fils de Henri II, Henri III, qui venait d'être élu roi de Pologne, s'empressa de prendre possession du trône de France. — 1574-1576. *Continuation de la guerre civile.* Henri III, pour plaire aux catholiques, fit de nouveau la guerre aux protestans, dont le roi de Navarre s'était déclaré le chef. Le duc de Guise, surnommé *le Balafré*, était réellement le chef du parti catholique. — 1576. *Origine de la ligue.* Formée des catholiques les plus exaltés, elle obéissait aveuglément au duc de Guise qui en était l'âme. C'était à Paris principalement que la ligue se montrait redoutable. Henri III, assiégé dans le Louvre, fut obligé de fuir. On appela cette journée la journée des barricades. Les ligueurs voulaient évidemment détrôner le roi. Henri III, persuadé que le duc de Guise cherchait à lui ravir la couronne, le fit assassiner à Blois. Dès-lors, il ne fut plus aux yeux de la ligue qu'un hérétique. — 1589. *Réconciliation de Henri III avec le roi de Navarre.* Henri, poursuivi par la ligue, se jeta dans les bras des protestans et se réconcilia sincèrement avec le roi de Navarre, héritier légitime du trône. Les deux princes allèrent mettre le siége devant Paris; mais un moine fanatique, nommé Clément, crut être agréable à Dieu en poignardant Henri III. Ce prince mourut à Saint-Cloud des suites de sa blessure.

CINQUIÈME BRANCHE DES CAPÉTIENS DITE DES BOURBONS. 8 ROIS. (1589—1830.)

HENRI IV, 63e roi. (1589-1610.)—1589-1594. *Longue guerre civile.* Henri, roi de Navarre, chef de la maison de Bourbon, devait succéder naturellement à Henri III, puisqu'il était son plus proche parent dans la ligne masculine; mais sa qualité de protestant en faisait pour les ligueurs un objet d'horreur. Ils refusèrent de le reconnaître, et proclamèrent roi le vieux cardinal de Bourbon, sous le nom de Charles X. Le duc de Mayenne, frère du duc de Guise, était à la tête de la ligue. Henri IV, après des prodiges de valeur et de nombreuses victoires, finit par triompher de tous ses ennemis. Il leva d'ailleurs le dernier obstacle à la paix, et abjura publiquement le protestantisme. Ce grand roi fit son entrée dans Paris le 22 mars 1594. — 1594. *Tentative d'assassinat de Jean Châtel.* Un jeune fanatique essaya d'assassiner Henri IV au Louvre; il échoua dans cet infâme projet; mais on prétend qu'il avait cédé aux instigations des Jésuites, qui furent chassés de France par un arrêt du parlement. Cet ordre fameux fut rétabli plus tard. — 1598. *Paix de Vervins.* Le roi s'était réconcilié avec tous les chefs de la ligue; il signa également la paix avec les Espagnols à Vervins. Ainsi furent effacées les dernières traces de la guerre civile et de la guerre étrangère. — *Administration de Henri IV.* La France était épuisée; les finances étaient dans le plus affreux désordre; grâce à la sage administration de Henri IV, merveilleusement secondé par son ministre Sully, tous les maux de la guerre civile furent réparés en quelques années; le peuple fut soulagé, le commerce reprit une grande activité; de beaux monumens s'élevèrent de toutes parts. — 1610. *Attentat de Ravaillac.* C'est au milieu de cette prospérité inouïe qu'un monstre exécrable, nommé Ravaillac, assassina le meilleur des rois, le 10 mai 1610.

Louis XIII, 64e roi. (1610-1643.)—1610-1614. *Régence de Marie de Médicis.* Louis XIII, fils de Henri IV, n'ayant que neuf ans, Marie de Médicis, sa mère, prit les rênes du gouvernement; cette princesse se laissa dominer par Concini, qu'elle accabla de faveurs et auquel elle donna le titre de marquis d'Ancre : il devint même plus tard maréchal de France. Les princes du sang, mécontens du crédit dont jouissait le favori, quit tèrent la cour. La guerre éclata de nouveau dans le royaume. Enfin, Louis XIII, qui était majeur, cédant aux conseils du jeune de Luynes, fit assassiner le maréchal d'Ancre. Marie de Médicis fut exilée. — 1619-1643. *Administration du cardinal de Richelieu.* Il avait ménagé une réconciliation entre la mère et le fils. Marie de Médicis le récompensa en lui faisant obtenir le chapeau de cardinal; mais il eut bientôt oublié sa bienfaitrice. Maître de l'esprit de Louis XIII, il le gouverna constamment, quoiqu'il n'en fût pas aimé, déjoua tous les complots tramés contre son autorité, força les grands à respecter le pouvoir royal, et fit tomber sur l'échafaud les têtes les plus illustres. Les maréchaux Ornano et de Marillac, le duc de Montmorency, Cinq-Mars et de Thou payèrent de leur vie la haine qu'ils portaient au premier ministre. — 1627. *Siége de la Rochelle.* Les protestans étaient encore redoutables. Richelieu résolut de les réduire à l'obéissance en s'emparant de la Rochelle leur principale place de sûreté. Il conduisit en personne les opérations du siége. — 1632. *Richelieu déclare la guerre à la maison d'Autriche.* Dans l'intention d'humilier cette famille puissante, le cardinal conclut un traité avec Gustave-Adolphe, roi de Suède, et lui fournit des subsides pour l'aider à porter la guerre au sein de l'Allemagne. Le héros suédois périt glorieusement à la journée de Lutzen. L'influence de l'Autriche fut sensiblement diminuée. — 1643. *Mort de Richelieu.* Le premier ministre ne se contentait pas de remuer toute l'Europe; il favorisait les arts, et fondait l'Académie française. Il mourut à Paris, dans le palais qu'il avait fait construire à grands frais. Louis XIII le suivit au tombeau cinq mois après.

Louis XIV, 65e roi (1643-1715.) — 1643-1661. *Ministère du cardinal Mazarin.* Fils aîné de Louis XIII, Louis XIV n'avait que cinq ans, lorsqu'il monta sur le trône. Sa mère Anne d'Autriche fut nommée régente du royaume. Mais elle accorda toute sa confiance à un Italien qui était venu à la cour sous le dernier règne et que le cardinal de Richelieu avait remarqué. C'était Mazarin, également cardinal. En butte à la haine générale, Mazarin fut obligé de sortir de France; la ville de Paris se révolta; les mécontents ou *frondeurs*, prirent les armes et forcèrent la cour à quitter la capitale. Mais cette guerre n'eut rien de bien sérieux. L s esprits se calmèrent; Mazarin rentra en France et mourut premier ministre. Quelque temps avant sa mort, il avait conclu le mariage de Louis XIV avec une infante d'Espagne. — 1667-1668. *Guerre avec l'Espagne.* Après la mort de Mazarin, Louis XIV promit de gouverner par lui-même et tint parole. Avide de conquêtes, il prétendit avoir des droits sur les Pays-Bas espagnols, du chef de sa femme. En quelques mois, la Flandre et la Franche-Comté furent conquises. Par le traité d'Aix-la-Chapelle, qui mit fin à cette guerre, Louis XIV rendit la Franche-Comté; mais il garda la Flandre. — 1678. *Paix de Nimègue.* Le roi de France, mécontent des Hollandais, envahit leur territoire en 1672; mais, pour l'en chasser, les Hollandais ensevelissent leur pays sous les eaux. Louis XIV est forcé de reculer. Toute l'Europe prend les armes contre lui: il tient tête à toute l'Europe et dicte enfin à ses ennemis vaincus la glorieuse paix de Nimègue. La Franche-Comté fut définitivement réunie à la France. — 1697. *Paix de Ryswick.* Guillaume, prince d'Orange, avait détrôné Jacques II, son beau-père, roi d'Angleterre; Louis XIV refusa de reconnaître le nouveau roi et fournit à Jacques II des secours pour reconquérir ses états. La guerre se ralluma. Presque tous les princes de l'Europe y prirent part et la France lutta glorieusement contre ses ennemis; mais elle acheta cher ses victoires, et lorsque la paix de Ryswick fut signée, le royaume était épuisé. Louis XIV consentit à reconnaître Guillaume comme roi d'Angleterre. — 1698-1713. *Guerre de la succession d'Espagne.* Charles II, roi d'Espagne, n'ayant point d'enfans, désigna pour son successeur le duc d'Anjou, petit-fils de Louis XIV. L'Angleterre, la Hollande et l'Autriche s'opposèrent à l'exécution du testament de Charles II, craignant avec raison que la puissance de Louis XIV ne s'augmentât outre mesure. Mais le roi de France, quoique déjà avancé en âge, soutint par les armes la cause de son petit-fils. Malborough, qui commandait les Anglais, et le prince Eugène, général des Impériaux, firent essuyer aux armées de Louis XIV plusieurs défaites. Le royaume était menacé d'une invasion, lorsque Villars sauva la France à Denain; il remporta sur le prince Eugène une victoire signalée qui prépara la paix d'Utrecht. Philippe V fut définitivement reconnu roi d'Espagne. — 1715. *Mort de Louis XIV*. Ce prince connut tout ce que la prospérité a de plus séduisant et tout ce que l'adversité a de plus amer. D'abord craint et respecté de l'Europe entière, il essuya vers la fin de son règne de cruels revers. Chef d'une nombreuse famille, il vit périr successivement son fils et ses petits-fils, et ne laissa pour héritier qu'un enfant au berceau; il expira le 1er septembre 1715, après un règne de 72 ans. C'est l'époque la plus brillante de notre histoire; des hommes supérieurs dans tous les genres se rencontrèrent pour rehausser l'éclat de ce règne immortel.

LOUIS XV, 66e roi. (1715-1774.) — 1715-1723. *Régence du duc d'Orléans*. Neveu du feu roi, le duc d'Orléans prit en main les rênes de l'état au nom de Louis XV, petit-fils de Louis XIV. Doué des plus brillantes qualités, le régent les ternit par ses mauvaises mœurs. Cependant, malgré ses torts et quelques fautes, on doit regarder son administration comme un bienfait pour la France. — 1735. *Paix de Vienne*. La guerre entreprise par Louis XV pour rétablir sur le trône de Pologne son beau-père Stanislas Leczinski, se termina par le traité de Vienne. La Lorraine fut donnée à Stanislas en dédommagement de la couronne de Pologne, et cette province dut revenir à la France après la mort de Stanislas. — 1748. *Paix d'Aix-la-Chapelle*. La succession de Charles V, empereur d'Allemagne, fut l'occasion d'une guerre acharnée à laquelle la France prit part. La bataille de Fontenoy, gagnée par le maréchal de Saxe, est le fait le plus glorieux de ce règne. La paix d'Aix-la-Chapelle mit fin à la guerre. Marie-Thérèse, fille de Charles V, resta en possession des états héréditaires de son père. — 1756-1763. *Guerre de sept ans.* Commencée par l'Angleterre, continuée par Frédéric-le-Grand, roi de Prusse, cette guerre fut fatale à la France qui se vit obligée de céder presque toutes ses colonies aux Anglais, et qui perdit contre le roi de Prusse la funeste bataille de Rosbach. — 1764. *Expulsion des jésuites.* Cet ordre religieux fut supprimé par un arrêt du parlement. On lui reprochait, non sans raison, de prêcher des doctrines contraires à la morale et à la vraie religion. — 1774. *Mort de Louis XV.* Faible, inappliqué, livré aux plaisirs et aux favorites, ce prince laissa en mourant les plus graves embarras à son successeur.

Louis XVI, 67e roi. (1774-1792.) — 1774. *Avènement de Louis XVI.* Petit-fils de Louis XV, le duc de Berry, dauphin de France, déjà marié à Marie-Antoinette, archiduchesse d'Autriche, succéda à son grand-père à l'âge de vingt ans. Animé des meilleures intentions, le nouveau roi effaça les dernières traces de la servitude féodale, abolit la question judiciaire et choisit ses ministres parmi les hommes les plus recommandables. — 1778. *Guerre d'Amérique.* Les colonies anglaises de l'Amérique du nord s'étant révoltées contre la métropole, le gouvernement français, sollicité de leur porter secours, embrassa leur cause. Une armée française, dans laquelle servirent en qualité de volontaires plusieurs jeunes gens des meilleures familles, vint au secours des Américains. La paix fut signée en 1783 et le gouvernement anglais fut obligé de reconnaître comme empire indépendant la république des Etats-Unis d'Amérique. — 5 mai 1789. *Réunion des Etats-Généraux.* La situation des finances engagea Louis XVI à convoquer les Etats-Généraux. Les députés du tiers-état ou de la bourgeoisie dominaient dans cette assemblée qui parut destinée à régénérer la France. Elle prit, malgré le roi, le nom d'*as-*

semblée nationale et déclara qu'elle ne se séparerait qu'après avoir rédigé une constitution. — 14 juillet 1789. *Prise de la Bastille.* Les Parisiens se lèvent en masse et marchent contre la Bastille, vieille forteresse élevée à l'entrée du faubourg Saint-Antoine et destinée aux prisonniers d'état. En quelques heures, la Bastille est prise et démolie. — 5 et 6 octobre 1789. *Le roi amené à Paris.* Une foule immense poussée par une aveugle fureur, se dirige sur Versailles, résidence de Louis XVI et de l'assemblée nationale. Elle force le roi et sa famille de venir habiter le château des Tuileries. — 20 juin 1791. *Fuite de Varenne.* Louis XVI, presque captif dans son château, exposé à de continuels outrages, prend la fuite; mais il est arrêté à Varenne et ramené à Paris. Ses frères, le comte de Provence et le comte d'Artois, étaient parvenus à sortir de France. Cependant l'assemblée nationale achève la constitution de 1791; le roi jure de l'observer. — 10 octobre 1791. *Assemblée législative.* Une nouvelle assemblée succède à la première; mais loin de défendre la monarchie, l'assemblée législative semble prendre à tâche de l'exposer aux coups de ses ennemis. — 1792. *Insurrection du 10 août.* La populace vient assiéger les Tuileries. Louis XVI et sa famille se réfugient au sein de l'assemblée législative. Le château est pris et pillé par le peuple. L'assemblée législative proclame la déchéance de Louis XVI et le retient prisonnier. Le trône est renversé.

GOUVERNEMENT RÉPUBLICAIN. (21 Septemb. 1792 — 18 mai 1804.)

Convention nationale. (21 septembre 1792 — 1er novembre 1795.) — 21 janvier 1793. *Procès et condamnation de Louis XVI.* La Convention nationale, réunie pour donner à la France un nouveau gouvernement et décider du sort de Louis XVI, proclama la république et condamna à mort l'infortuné prince qui avait cessé de régner depuis le 10 août. Louis XVI mourut en martyr chrétien. — *La terreur.* La France se couvre d'échafauds. Tous ceux qui sont soupçonnés d'attachement à la monarchie, sont jetés en prison et condamnés à mort. Les nobles et les prêtres sont surtout persécutés. Robespierre, membre de la Convention, est le principal instigateur de tous les crimes commis au nom de la république. Jamais la France n'avait gémi sous une tyrannie plus exécrable. La reine Marie-Antoinette et Madame Elisabeth, sœur de Louis XVI, périrent sur l'échafaud. — 1792-1794. *Insurrection de la Vendée.* Cette province prit les armes d'abord au nom du fils de Louis XVI, détenu dans la prison du Temple et qu'elle proclama sous le nom de Louis XVII, et ensuite au nom du comte de Provence, frère du feu roi, qui prit le nom de Louis XVIII. — 1793. *Guerre étrangère.* L'Autriche et la Prusse, effrayées des progrès de la révolution, déclarèrent la guerre à la France. Les Prussiens pénétrèrent jusqu'en Champagne, mais ils furent arrêtés à Valmy. La Convention prit alors l'offensive; la Belgique fut conquise, ainsi que la Savoie. — 28 juillet 1794. *Chûte de Robespierre.* La Convention elle-même, indignée des crimes de Robespierre, ordonna son arrestation. Cet homme sanguinaire périt sur l'échafaud, le 9 therm. (calendrier républicain). La France commence à respirer. — 5 oct. 1795. (13 vendémiaire.) *Révolte des sections de Paris.* Au moment de se séparer, la Convention avait rédigé une constitution nouvelle dont quelques dispositions déplurent aux Parisiens. Ils se soulevèrent contre l'assemblée; mais elle chargea du commandement de la force publique un jeune général, jusqu'alors inconnu, Bonaparte, qui écrasa les insurgés à coups de canon.

Directoire. (1795-1799). — 1er novembre 1795. *Etablissement du gouvernement directorial.* La constitution qui venait d'être promulguée par la Convention établissait deux conseils, celui des Cinq-Cents et celui des Anciens chargés de faire les lois, et un Directoire composé de cinq membres auquel était confié le pouvoir exécutif: c'était une nouvelle forme du gouvernement républicain. — 1796. *Campagne d'Italie.* Bonaparte, général en chef de l'armée d'Italie, gagne sur les Autrichiens les batailles d'Arcole et de Rivoli, pendant que Moreau et Jourdan les battent en Allemagne; Bonaparte dicte aux Autrichiens le traité de Campo-Formio par lequel ils abandonnent la Lombardie. — 4 septembre 1797 (18 fructidor). *Coup d'état du Directoire.* Mécontent du conseil des Cinq-Cents, le Directoire fit arrêter et déporter les membres qui lui déplaisaient. Cet acte de violence prépara sa chute. — 19 mai 1798. *Expédition d'Egypte.* Bonaparte, après la paix de Campo-Formio, proposa au Directoire l'expédition d'Egypte qui fut approuvée. A la tête d'une armée plus brave que nombreuse, le vainqueur des Autrichiens débarque en Égypte, remporte les immortelles victoires d'Aboukir, du Caire, des Pyramides, du Mont-Thabor, et revient en France en apprenant que les Autrichiens étaient de nouveau maîtres de l'Italie. — Novembre 1799 (18 brumaire). *Chute du Directoire.* Bonaparte ne fit que prévenir le vœu général en chassant le Directoire que tout le monde méprisait. Il fut nommé premier consul de la république française.

Consulat. (1799-1804). — 1800. *Seconde campagne d'Italie.* Non moins brillante que la première, cette campagne fut signalée par la mémorable victoire de Marengo qui livra l'Italie au premier consul. — 9 février 1801. *Paix de Lunéville.* Les Autrichiens vaincus signèrent la paix à Lunéville; la Belgique et la rive gauche du Rhin furent cédées à la France. — 26 mars 1802. *Paix d'Amiens.* L'Angleterre avait seule refusé de reconnaître Bonaparte comme premier consul; elle consentit enfin à déposer les armes et signa le traité d'Amiens. La France est en paix avec toute l'Europe. Le Sénat décerne à Bonaparte le titre de consul à vie. — 21 mars 1804. *Supplice du duc d'Enghien.* Sous prétexte que ce jeune prince de la maison de Bourbon conspirait contre lui, Bonaparte le fait saisir sur le territoire de Bade où il s'était réfugié; le duc d'Enghien est amené à Vincennes, jugé et fusillé dans la même nuit. — 18 mai

1804. *Bonaparte Empereur.* Il ne manquait à Bonaparte que le nom de roi; car il en exerçait réellement tout le pouvoir. Le Sénat lui décerne le titre d'empereur et cette dignité est déclarée héréditaire dans sa famille. Le gouvernement républicain est aboli.

EMPIRE. (18 mai 1804 — 3 avril 1814).

NAPOLÉON Ier. — 2 déc. 1804. *Sacre de l'empereur.* Bonaparte que nous n'appellerons plus désormais que *Napoléon*, se fit sacrer à Notre-Dame de Paris par le pape, avec Joséphine, son épouse. — 1805. *Première coalition vaincue.* A l'instigation de l'Angleterre, qui voyait d'un œil jaloux la puissance de Napoléon, l'Autriche et la Russie déclarent la guerre à la France. Napoléon entre dans la capitale de l'Autriche, le 13 novembre 1805, et remporte sur les Autrichiens et les Russes la victoire d'Austerlitz en Moravie, le 2 décembre. La paix de Presbourg, dont il dicta les conditions, mit fin à cette guerre. — 1807. *Deuxième coalition vaincue.* L'ambition de Napoléon, qui voulait donner des couronnes à tous les princes de sa famille, irrita de nouveau la Prusse et l'Autriche. Napoléon reprend le chemin de l'Allemagne, entre à Berlin le 14 octobre, bat les Prussiens à Eylau, le 8 février 1807, et à Friedland le 14 juin. Il dicte la paix de Tilsitt, qui enlève au roi de Prusse la plus grande partie de ses états. — 1807-1813. *Guerre d'Espagne.* Pour placer sur le trône d'Espagne son frère Joseph, Napoléon fait passer de nombreuses armées dans la Péninsule. Mais il trouve une vive résistance. Les Espagnols refusent de se soumettre au roi que Napoléon veut leur imposer. — 1809. *Troisième coalition vaincue.* Excitée par l'Angleterre, l'Autriche déclare encore une fois la guerre à la France. Avec sa rapidité accoutumée, Napoléon se présente au combat; le 10 mai 1809, il entre à Vienne, poursuit les Autrichiens, les bat à Essling et à Wagram, et les force de signer la paix de Vienne, le 15 octobre. — 2 avril 1810. *Mariage de Napoléon.* Par l'un des articles du traité de

Vienne, l'empereur d'Autriche s'était engagé à marier sa fille Marie-Louise avec Napoléon, qui venait de faire prononcer la dissolution de son premier mariage. Cette union fut célébrée à Paris avec une magnificence extraordinaire. Un fils naquit à Napoléon un an après; il reçut en naissant le titre de *roi de Rome*. —1812. *Guerre de Russie*. Napoléon reprochait à l'empereur de Russie ses complaisances pour l'Angleterre. Les réclamations du gouvernement français ayant été mal accueillies, la guerre fut résolue. A la tête de la plus formidable armée qu'on ait jamais vue, Napoléon envahit la Russie, gagne sur les Russes la victoire de la Moscowa et entre à Moscow le 11 septembre 1812; mais les Russes mettent le feu à cette ville pour en chasser les Français. Napoléon, surpris par les rigueurs de l'hiver, reprend le chemin de la France; l'armée française périt presque toute entière dans cette funeste retraite. La puissance de Napoléon chancèle. — 1813. *Campagne d'Allemagne*. La Prusse d'abord, et ensuite l'Autriche se joignent aux ennemis de la France. Napoléon vaincu à Leipsick (18 nov.) recule jusqu'au Rhin. — 1814. *Invasion de la France*. L'Empereur ne peut plus défendre les frontières de l'empire; le territoire français est envahi par une armée de trois cent mille hommes. Après une lutte glorieuse, mais inutile, Napoléon est forcé de signer son abdication. La capitale venait de tomber au pouvoir des alliés, le 30 mars. L'Empereur se retire à l'île d'Elbe.

RESTAURATION. (3 Avril 1814 — 29 juillet 1830.)

Louis XVIII, 69e roi (1). (1814-1824).—3 mai 1814. *Entrée de Louis XVIII à Paris*. Frère aîné de Louis XVI et son unique héritier, d'après les lois de l'ancienne monarchie, Louis XVIII, exilé depuis vingt-cinq ans, revient en France à la suite des armées alliées; il fait son

(1) En comptant au nombre des rois de France Louis XVII, fils de Louis XVI, mort à l'âge de 10 ans, dans la prison du Temple.

entrée dans Paris, après avoir promis une charte constitutionnelle qu'il donna, en effet, le 4 juin suivant. — 1er mars 1815. *Retour de Napoléon.* Le peuple et l'armée regrettaient l'Empereur. Il débarque tout-à-coup à Antibes le 1er mars, poursuit sa marche au milieu de l'enthousiasme des populations et rentre à Paris le 20 mars. Louis XVIII se retire à Gand avec sa famille. — 18 juin 1815. *Bataille de Waterloo.* Toutes les puissances de l'Europe se coalisèrent pour écraser Napoléon. Cet homme extraordinaire, succombant sous le nombre, perdit la bataille de Waterloo (Belgique). La France fut envahie de nouveau et Paris revit dans ses murs les étrangers victorieux. Napoléon abdique une seconde fois et cherche à s'embarquer pour l'Amérique ; mais il est pris par les Anglais et conduit à Sainte-Hélène où il meurt le 5 mai 1821. — 8 juillet 1815. *Second retour de Louis XVIII.* Ce prince rentre à Paris et consent à signer un traité de paix par lequel la France s'obligeait à payer aux troupes alliées une contribution de guerre de sept cent millions. — 17 mai 1817. *Mariage du duc de Berry.* Second fils du comte d'Artois, le duc de Berry épousa Marie-Caroline, princesse des Deux-Siciles ; de ce mariage naquit, en 1820, le duc de Bordeaux. — 13 février 1820. *Attentat de Louvel.* Ce misérable frappa d'un coup mortel le duc de Berry au moment où il sortait de l'Opéra. — 1823. *Guerre d'Espagne.* Louis XVIII envoie en Espagne une nombreuse armée commandée par le duc d'Angoulême, son neveu, afin de rendre à Ferdinand VII le pouvoir absolu dont ses sujets l'avaient dépouillé. — 16 septembre 1824. *Mort de Louis XVIII.* Accablé depuis long-temps d'infirmités incurables, Louis XVIII meurt au château des Tuileries sans laisser d'enfans.

Charles X 70e roi. (1824-1830). — 27 février 1825. *Sacre de Charles X.* Troisième frère de Louis XVI, le comte d'Artois monte sur le trône et prend le nom de Charles X ; il se fait sacrer à Reims et prête serment sur l'évangile à la charte constitutionnelle. — 25 juillet 1830, *Ordonnances contre la charte.* Charles X, ennemi de la liberté, fit, pendant plusieurs années, tous ses efforts pour enlever aux Français les droits politiques dont ils jouissaient. Il employa d'abord la ruse; mais comme elle ne lui réussit pas, il eut recours à la violence et rendit, le 25 juillet 1830, plusieurs ordonnances qui renversaient complètement la charte.

RÉVOLUTION DE JUILLET.

Louis-Philippe Ier (9 août 1830). — 26 *juillet* 1830. A l'apparition des ordonnances de Charles X, le peuple de Paris s'indigne; des rassemblements ont lieu sur plusieurs points de la capitale. — 27 *juillet*. Le combat s'engage entre le peuple et les soldats de Charles X. — 28 *juillet*. L'Hôtel-de-Ville reste au pouvoir du peuple; les troupes royales se concentrent dans les environs du Louvre. — 29 *juillet*. Le peuple redouble d'audace; il attaque les Tuileries. Le maréchal Marmont quitte Paris avec les troupes qu'il commandait au nom de Charles X. La déchéance du roi parjure est proclamée. — 3 *août*. Les chambres se rassemblent; cédant au vœu de la nation française, elles défèrent la couronne à Louis-Philippe d'Orléans, duc d'Orléans. — 9 *août* 1830. Louis-Philippe accepte la couronne et prête, devant les chambres assemblées, le serment de fidélité à la charte, telle que les chambres viennent de la modifier. Charles X et sa famille quittent pour toujours le territoire français.

FIN.

Imprimerie de MOQUET et Ce, rue de la Harpe, no 90.

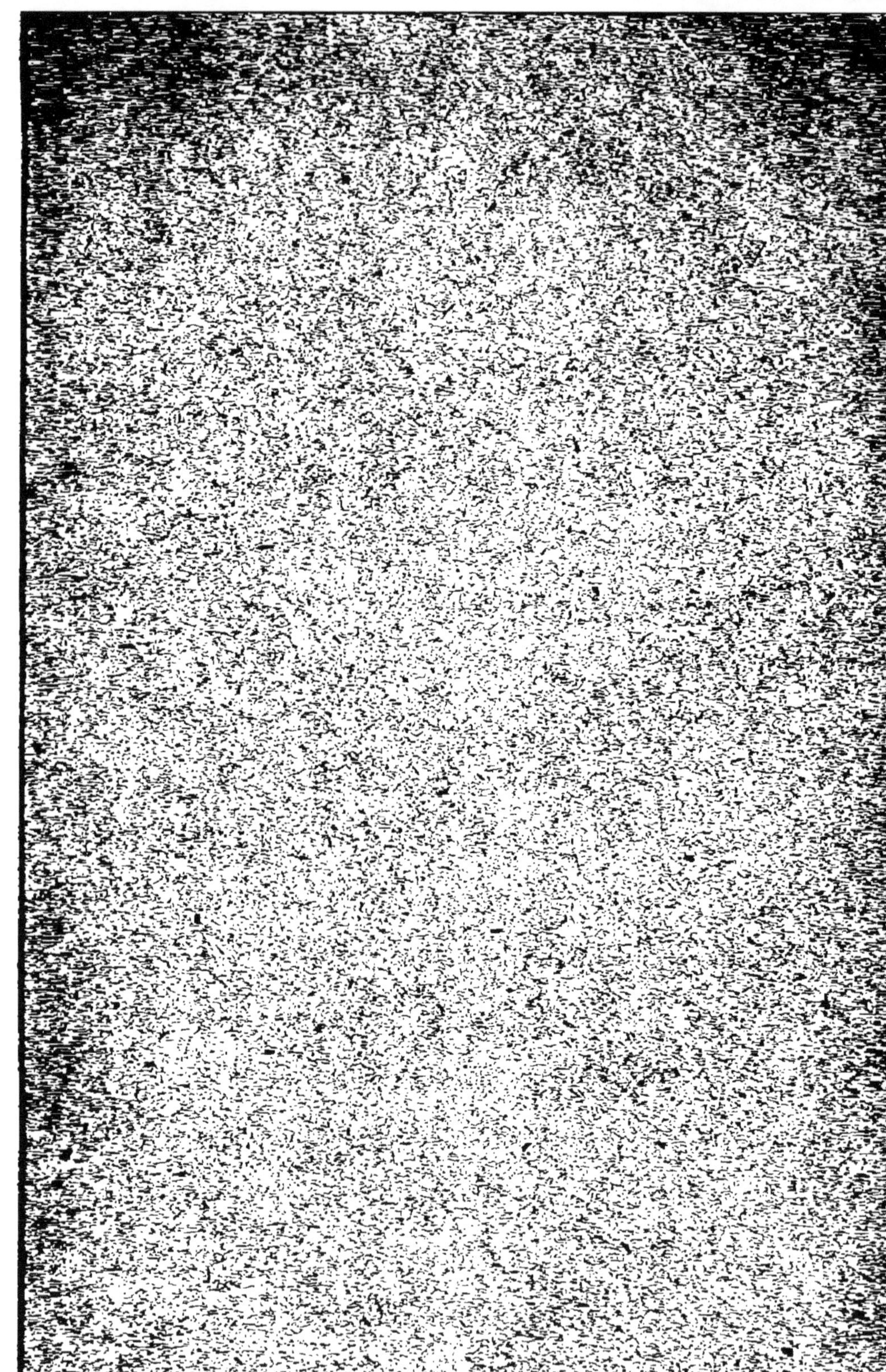

www.ingramcontent.com/pod-product-compliance
Ingram Content Group UK Ltd.
Pitfield, Milton Keynes, MK11 3LW, UK
UKHW020356250726
13967UKWH00005B/2319